OBSERVATIONS

SUR

LE MÉMOIRE JUSTIFICATIF

DE LA COUR DE LONDRES;

PAR

PIERRE-AUGUSTIN

CARON DE BEAUMARCHAIS,

Armateur & Citoyen Français;

DÉDIÉES A LA PATRIE.

Facit indignatio versum.
Juv. Sat. I.

A LONDRES, A PHILADELPHIE;
Et se trouve par-tout.

1779.

OBSERVATIONS
SUR
LE MÉMOIRE JUSTIFICATIF
DE LA COUR DE LONDRES.

Premier motif d'écrire.

S'il peut être permis à un Particulier d'oſer un moment s'immiſcer dans la querelle des Souverains; c'eſt lorſqu'appellé, par eux-mêmes, en jugement dans des *Mémoires juſtificatifs* adreſſés au Public dont il fait partie, il s'y voit perſonnellement cité ſur des Faits tournés en reproches de *perfidie* contre les ennemis de ces Souverains; mais qui, préſentés avec plus de franchiſe, ſervent eux-mêmes à juſtifier la Puiſſance inculpée, à rendre à chacun ce qui lui appartient.

Second motif d'écrire.

S'il eſt reçu parmi les Rois d'entretenir à grands frais, les uns chez les autres, de faſtueux Inquiſiteurs, dont le vrai mérite est autant de bien éclairer ce qu'on fait dans le pays de leur résidence, que d'y répandre sans scrupule les plus fausses notions des événemens, lorsque cette fausseté peut être utile à leurs augustes Commettans; au moins n'avait-on encore vu chez aucun Peuple, un magnifique Ambassadeur pousser la dissimulation de son état, jusqu'à en imposer même à son pays, dans ses dépêches ministérielles, pour augmenter la mésintelligence entre les Nations, ou pour accroître sa consistance & préparer son avancement.

C'est pourtant ce qui résulte aujourd'hui de l'examen des prétendus Faits touchant le commerce entre la France & l'Amérique, cités dans le *Mémoire justificatif* du Roi d'Angleterre, sur les rapports fautifs du Vicomte de Stormont que je nomme ici sans scrupule; parce qu'il a semblé m'y inviter lui-même, en fesant servir mon nom & mes armemens à des accusations de *perfidie* contre la France.

S'IL entrait dans mon plan de traiter le fond de la question qui divise aujourd'hui les deux Cours, je n'aurais nul besoin d'établir, par les Faits particuliers qui me concernent, que, non-seulement nos Ministres ont montré plus d'égards qu'ils n'en devaient à l'Angleterre, à la nature des liaisons subfiftantes; mais qu'ils font reftés, par complaifance pour la Cour de Londres, fort en-deçà des droits non difputés de toute Puiffance indifférente & neutre. C'eft par des Faits nationaux & connus de l'Europe entiere, que je ferais évanouir le reproche de perfidie tant de fois appliqué dans ce *Mémoire juftificatif*, à la conduite de la France; & je le repoufferais fi victorieufement fur fes auteurs, que je ne laifferais aucun doute fur la vérité de mon affertion.

En effet, quelle eft donc la Nation qui prétend aujourd'hui nous fouiller du foupçon de perfidie, en réclamant avec tant d'affurance & l'honneur & la foi des Traités ? N'eft-ce pas cette même Nation Anglaife, injufte envers nous par fyftême, & dont la morale à notre égard, a toujours été renfermée dans cette maxime applaudie mille fois à Londres, dans la bouche du grand Politique Chatam : *Si nous voulions être juftes envers la France & l'Efpagne, nous aurions trop à reftituer. Les affaiblir, ou les combattre eft notre unique loi, la bafe de tous nos fuccès?*

N'eft-ce pas ce même Peuple dont les outrages & les ufurpations n'ont jamais eu d'autres bornes que celles de fes pouvoirs; qui nous a toujours fait la guerre fans la déclarer; qui, après avoir, en 1754, affaffiné M. de Jumonville, Officier Français, au milieu d'une aſſemblée convoquée en Canada pour arrêter des conventions de paix & fixer des limites, a, ſans aucun objet même apparent, commencé la guerre de 1755, en pleine paix, par la priſe inopinée de 500 de nos vaiſſeaux, & l'a terminée en 1763, par le Traité le plus tyrannique, & l'abus le plus intolérable des avantages que le ſort des armes lui avait donnés ſur nous dans cette guerre injuſte?

N'eſt-ce pas cette Nation uſurpatrice, pour qui la paix la plus ſolemnellement jurée n'eſt jamais qu'une trève accordée à ſon épuiſement, & dont elle ſort toujours par les plus criantes hoſtilités? Qui, dès 1774, avait ſouffert que ſon Commandant au Sénégal, le ſieur Macnémara, fit enlever un vaiſſeau Français du commerce de Nantes, qu'on n'a jamais rendu? Qui, dans l'année 1776, après nous avoir outragés de toute façon dans l'Inde, inſulta ſur le Gange trois vaiſſeaux Français, la *Sainte-Anne*, la *Catherine*, & l'*Isle de France*, & fit tirer ſur eux à boulets, au paſſage de Calcuta, briſa nos manœuvres, tua ou bleſſa nos Matelots, & couronnant l'atrocité par la dériſion, leur envoya ſur le champ des Chirurgiens pour panſer les bleſſés? Outrage dont tous les Commerçans de l'Inde irrités & conſternés, n'ont ceſſé de demander justice & vengeance au Roi de France.

N'eſt-ce pas encore cette même Nation qui, toujours fidèle à ſon ſyſtême, avait donné l'ordre, un an avant l'ouverture des hoſtilités, de nous attaquer dans l'Inde à l'improviſte, & de nous chaſſer de toutes nos poſſeſſions, comme cela eſt irrévocablement prouvé par la date de l'inveſtiſſement de Pondichéry en 1778 : & qui, imperturbable en ſon arrogance, ne rougit pas de faire avancer froidement aujourd'hui par ſon doucereux Ecrivain : *qu'il eſt au-deſſous de la dignité de ſon Roi d'examiner les époques où les Faits ſe ſont paſſés*; comme ſi dans toute querelle il n'était pas reconnu que le tort eſt tout entier à l'agreſſeur ?

N'eſt-ce pas cette Nation toujours provoquante, qui, pendant ce même tems de paix, s'arrogeant le droit de douane & de viſite ſur tout l'Océan, ſe feſait un jeu d'eſſayer notre patience, en arrêtant, inſultant & vexant tous nos vaiſſeaux de commerce à la vue de nos côtes même ?

N'eſt-ce pas un Marin de cette Nation que déſigne le Capitaine Marcheguais de Bordeaux, arrêté en Mars 1777, à 130 lieues de la côte de France, lorſqu'il déclare qu'on lui a tiré huit coups de canons à boulets, briſé toutes ſes manœuvres ; & que même après avoir envoyé quatre hommes

& fon fecond, faire vifiter fes paffeports & prouver qu'ils étaient en régle, il n'en a pas moins vu paffer fur fon bord dix fcélérats, vu crever fes ballots, bouleverfer tout dans fon navire, le piller, l'emmener prifonnier, & le retenir, lui fixieme, à leur bord, tant qu'il leur a plu de lui voir avaler le poifon de l'infulte, & des plus groffiers outrages ?

N'était-ce pas auffi par des Capitaines Anglais, que dans ce même tems de paix, plufieurs navires de Bordeaux, entr'autres le *Meulan* & la *Nancy*, furent enlevés en fortant du Cap, & les équipages indignement traités, quoiqu'ils fuffent expédiés pour France, & ne continffent aucunes munitions de guerre ? Qu'un Capitaine Morin fut arrêté à la pointe des Prêcheurs, atterrage de la Martinique, & conduit à la Dominique, malgré des expéditions en règle pour le Cap-Français & S. Pierre de Miquelon ? Nos Greffes d'Amirautés font remplis de pareilles plaintes & déclarations faites en 1776 & 1777, contre les Anglais, ce peuple fi loyal en fes procédés, qui nous accufe aujourd'hui de perfidie !

Ils nous enlevaient donc nos Navires marchands à l'atterrage même de nos Ifles. Ils pourfuivaient leurs ennemis jufques fur nos côtes, &

les y canonaient de ſi près, que les boulets portaient à terre ; & ils ne feſaient nul ſcrupule de répondre par des bordées entieres aux repréſentations que les Commandans de nos frégates venaient leur faire de l'indécence de leurs procédés : Témoin le Chevalier de Boiſſier, qui ne pouvant retenir ſon indignation, ſe crut obligé de châtier cette inſolence, auprès de l'Iſle à Vache, en déſemparant, à coups redoublés, une frégate Anglaiſe & la forçant de ſe retirer dans le plus mauvais état à la Jamaïque.

Ils tiraient à boulets ſur des navires entrés dans les Ports de France ; témoin ce vaiſſeau Marchand arrêté dans les jettées de Dunkerque ; par pluſieurs coups de canon à boulets, & forcé d'en reſſortir à tous riſques, pour ſe laiſſer viſiter par une patache Anglaiſe, qui ſe tenait ſans pudeur en rade à cet effet.

Ne portaient-ils pas l'outrage au point de tenter de brûler des vaiſſeaux Américains juſques dans nos baſſins ? Inſulte conſtatée à Cherbourg, & qu'on ne put attribuer à l'étourderie d'aucun Particulier ; puiſque c'était une Corvette du Roi ; Capitaine en uniforme & parti de Jerſey par ordre exprès de la Cour, avec promeſſe de trois cent guinées, s'il exécutait ſon projet inſultant.

Ces plaintes & mille autres ſemblables arrivaient de toutes parts aux Miniſtres de France qui, pouvant & devant peut-être éclater contre l'Angleterre à de tels excès, avaient pourtant la modération d'en porter ſeulement leurs plaintes aux Miniſtres Anglais, dont les réponſes auſſi ſouvent dériſoires que la conduite des Marins était odieuſe, contenaient en ſubſtance, *ou qu'on était mal inſtruit, ou que les Capitaines étaient ivres, ou que c'était un mal-entendu, ou même que c'étaient de perfides Américains maſqués ſous pavillon Anglais.* Jamais d'autre raiſon, encore moins de juſtice; & c'eſt-là le ſcrupuleux voiſin, le candide ami, le peuple équitable & modéré qui nous accuſe aujourd'hui de perfidie!

A qui donc l'Ecrivain du *Mémoire juſtificatif* prétend-il donner le change en Europe? Eſt-ce pour détourner l'attention des Anglais de la conduite inſenſée de leur miniſtère, qu'on eſſaie en cet Ecrit d'y inculper le nôtre? En accuſant nos Miniſtres d'avoir trompé la nation Françaiſe & ſon Roi; penſent-ils étouffer les cris du peuple Anglais qui fait retentir à leurs oreilles ces mots ſi redoutés: Rendez-nous l'Amérique & le ſang de nos freres; rendez-nous notre commerce & nos millions engloutis dans cette guerre abominable.

Ce n'eſt pas la perfidie de nos rivaux qui nous a cauſé toutes ces pertes, c'eſt la vôtre. Eh quelle part, en effet, les Miniſtres Français ont-ils eue à l'indépendance de l'Amérique?

Lorſque la France, à la derniere paix, mit l'Angleterre en poſſeſſion du Canada; lorſque, long-temps avant cette époque, le clairvoyant M. Pitt avait prédit: *que ſi on laiſſait ſeulement forger aux Américains les fers de leurs chevaux, ils briſeraient bientôt ceux de leur obéiſſance*; lorſque ce même Lord Chatam prédit encore à Londres en 1762: *que la ceſſion du Canada par la France ferait perdre l'Amérique aux Anglais*; lorſque la jalouſie de toutes les Colonies ſur les priviléges accordés à la nouvelle poſſeſſion & leurs inquiétudes ſur l'établiſſement d'un Monarchiſme qui ſemblait menacer la liberté, commencerent les murmures & les troubles; lorſque les concuſſions & les mauvais traitemens firent ſonner l'alarme & ſecouer aux Américains le joug de la dure Angleterre, en reſſerrant les bornes du grand mot *Patrie* aux limites du Continent; la France entra-t-elle pour quelque choſe dans les motifs de cette rupture? ſon intrigue ou ſa perfidie aveugla-t-elle enfin les Miniſtres Anglais ſur les conſéquences & les ſuites de cette effrayante rumeur qu'ils affectaient de mépriſer?

Le feu du mécontentement couvait de toutes parts en Amérique. Mais lorſqu'au moment de l'acte du Timbre en 1766, l'incendie allumé à Boſton ſe propagea dans toutes les villes du Nord; quand l'émeute ſanguinaire de cette ville anima les habitans à pourſuivre hautement le rappel des Gouverneur & Lieutenant de Maſſachuſſets-Bay; lorſque l'affaire du ſenau de Rodes-Iſland força les Anglais de rappeller ces deux officiers, & de retirer l'acte imprudent du Timbre; l'intrigue ou la perfidie de la France eut-elle la moindre part à ces événemens préparatoires de la liberté des Colonies, ſur leſquels l'adminiſtration Anglaiſe daignait à peine encore ouvrir les yeux?

Bientôt le fatal impôt ſur le thé, l'évocation des grandes affaires à la Métropole, l'inſtallation des Tribunaux nommés par la Cour & mille autres attentats à la liberté des Colonies, firent prendre les armes à tous les Citoyens, & former enfin ce grand corps devenu ſi funeſte aux Anglais d'Europe, *le Congrès de Philadelphie.* Mais tant d'imprudence & d'aveuglement de la part du Cabinet de Saint-James, furent-elles le fruit de l'or, de l'intrigue & de la perfidie de notre Miniſtère.?

Excitâmes-nous le ſoulévement des Cadets, les

hostilités du Général Gages à Boston, la proscription du thé dans toutes les Colonies, & tous ces grands mouvemens qui avertirent l'Univers que l'heure de l'Amérique était enfin arrivée ; pendant que les Ministres Anglais, tels que ce Duc d'Olivarès, si connu par le compte insidieux qu'il rendit à son Roi, Philippe, de la révolte du Duc de Bragance, trompaient ainsi leur Roi, Georges, & le berçaient perfidement du plus absurde espoir sur la réduction de l'Amérique ?

L'intrigue ou la perfidie de la France dirigea-t-elle les efforts vigoureux d'un peuple élancé vers la liberté par la tyrannie, quand les vaisseaux Anglais furent si fiérement renvoyés en Europe ? Fut-ce la France encore qui échauffa l'obstination Anglaise à les ramener en Amérique & celle des Américains à les refuser, à en brûler les cargaisons ?

Et la rupture ouverte entre les deux Peuples, & les armemens réciproques, & l'affaire honteuse de Lexington, & celle de Bunkershill, & la lâcheté des Anglais d'armer les esclaves contre les maîtres en Virginie, & celle encore plus grande d'y contrefaire les papiers monnoies pour les discréditer, espèce d'empoisonnement inconnu jusqu'à nos jours, & toutes les horreurs qui ont porté l'Amérique à publier enfin son indépendance, à la soutenir à force ouverte, ont-elles été le fruit de l'intrigue & de la perfidie Française, ou celui de l'avidité, de l'orgueil, de la sotise & de l'aveuglement Anglais?

Vit-on la France alors se permettre d'user des droits du plus ancien, du plus profond, du plus juste ressentiment, pour fomenter chez ses voisins malheureux, la révolte & le trouble?

Spectatrice tranquille, elle oublia tous les manques de foi de l'Angleterre, & les intérêts de son propre commerce, & la grande raison d'Etat qui permet, qui peut-être ordonne de profiter des divisions d'un ennemi naturel pour entretenir sa détresse, ou provoquer son affaiblissement; quand une expérience de plus d'un siecle a prouvé que nul autre moyen ne peut le rendre juste & loyal envers nous.

Ainsi, quoique le Palais de Saint-James ne méritât, comme on voit, aucuns des égards que celui de Versailles lui prodiguait en cette occasion si majeure; la France n'en resta pas moins rigoureusement indifférente & passive sur les querelles intestines de son injuste rivale.

Elle fit plus. Pour tranquiliser cette rivale inquiete, elle déclara qu'elle garderait la neutralité la plus exacte entre les deux Peuples ; & l'a religieusement gardée ; jusqu'au moment où la raison, la prudence, la force des événemens, & surtout le soin de sa propre sûreté l'ont obligée, sous peine d'en être victime, à changer publiquement de conduite, à se montrer ouvertement sous un autre aspect.

Mais pourquoi l'Angleterre, à l'instant de la neutralité, n'osa-t-elle pas l'envisager comme un manque de foi de la France, & la lui reprocher comme une infraction aux traités subsistans ? C'est qu'elle savait bien que la question qui soulevait ses Colonies, ne pouvait pas s'assimiler à ces mouvemens séditieux que le succès même ne justifie point & que le Prince a droit de punir dans des Royaumes plus absolus.

C'est que le nom générique *Roi*, dont la latitude est si étendue qu'aucun de ceux qui s'en honorent, n'a un état, un sort, un pouvoir, ni des droits semblables : c'est que ce nom si difficile à porter, ayant une acception absolument différente dans les pays soumis au gouvernement d'un seul, tels que la paisible Monarchie Française, & dans les Gouvernemens mixtes & turbulens, tels que la Royal-aristo-démocratie Anglaise ; l'Acte qui, du Languedoc ou de l'Alsace à la France, eût été justement regardé chez nous comme un crime de lèze-Majesté au premier chef, n'était en Angleterre qu'une simple question de droit soumise à l'examen de tout libre Individu.

C'est que le refus, de par le Roi, de faire justice à l'Amérique, & le redressement à coups de canon, de ses longs griefs, y devaient être envisagés comme un des plus grands abus du pouvoir, comme la subversion totale des loix constitutives, & l'usurpation la plus dangereuse pour un Prince de la Maison de Brunswick; car il ne devait pas oublier, qu'un pareil soulévement avait fait passer la Couronne en sa Maison, mais à condition de la porter comme *King* Anglais, & non à la maniere du Roi de France.

C'est que la réclamation véhémente des Colonies, sur le droit de n'être jamais taxé sans représentans, & celui d'être toujours jugé par ses Pairs, sous la forme des Jurées, avait trouvé tant de partisans en Angleterre, qu'elle tenait & tient encore la nation très-divisée sur un objet si intéressant à l'état civil de chaque citoyen Anglais.

C'est que même aux assemblées du Parlement, & dans quelques ouvrages des hommes les plus respectés des deux Chambres, on a porté le doute à ce sujet au point d'agiter hautement: si les Anglais ne sont pas plus rébelles à la Chartre

commune

commune & constitutive, que les Américains.

C'est que Milord Abington, l'un des hommes les plus justes & les plus éclairés d'Angleterre, a été jusqu'à proposer en pleine Chambre, à toute l'Opposition, de se retirer du Parlement, & d'y graver sur les régistres, pour cause de leur *sécession* (mot nouveau qu'il fit exprès pour exprimer cette insurrection nationale), que le Parlement & le Prince avaient de beaucoup passé leur pouvoir en cette guerre; que le Parlement sur-tout, composé des représentans du Peuple Anglais, n'avait pas dû jouer la Farce odieuse des Valets-Maîtres, & sacrifier l'intérêt de ses Commettans à l'ambition du Prince & des Ministres.

C'est que, dans le cas d'un pareil abus, le Peuple avait droit, dit-il, de retirer un pouvoir aussi mal administré; parce qu'à lui seul appartient la décision d'une guerre comme celle d'Amérique, en sa qualité de Législateur suprême & de premier Fondateur de la constitution Anglaise.

Or si, même en Angleterre, il n'était pas décidé lequel est rebelle à la constitution, de l'Anglais ou de l'Américain; à plus forte raison, un Prince étranger a-t-il bien pu ne pas se donner le soin d'examiner la question qui divisait les deux Peuples, & rester froid en leur querelle! & c'est aussi le terme où le Roi s'est tenu.

Ce refus de juger entre l'ancienne & la nouvelle Angleterre ; ce principe équitable & non contesté de la neutralité du Roi de France une fois posé, détruisait d'avance cette foule d'objections subtiles échappées depuis aux Logiciens d'Oxford, de Cambridge & de Londres : à savoir, si le Roi de France devait ouvrir ou fermer ses ports aux vaisseaux des deux Nations belligérantes, ou seulement à l'une des deux ? S'il ne devait pas restreindre les droits de son commerce par complaisance pour une Nation qui ne respecte les droits de personne ? Et sur-tout s'il ne devait pas interdire à ses Armateurs les ports du Continent d'Amérique, en recevant les Américains dans les siens ? Questions, comme on voit, aussi vaines à proposer, qu'inutiles à répondre. Car, par le droit absolu de sa neutralité, le Roi ne devait aux deux Nations qu'un traitement absolument égal, soit qu'il admît, soit qu'il rejettât leurs navires.

Ainsi, de même qu'il y aurait contradiction, quand la France ouvre ses ports aux vaisseaux Anglais, Danois, Hollandais & Suédois, d'interdire aux Négocians Français la liberté d'aller commercer à Londres, à la Baltique, au Zuiderzée, &c. De même, en recevant les vaisseaux Américains sur le pied de toutes ces nations dans ses ports, la France ne pouvait, ſans contradiction, refuſer à ſes Armateurs la liberté d'aller commercer à Boſton, à Williamsburg, à Charleſtown, à Philadelphie; car tout ici devait être égal.

Telles étaient, ſelon mon opinion, les conſéquences rigoureuſement juſtes que la France devait tirer de ſa neutralité, relativement à ſon commerce; & ſi le Roi de France, oubliant les longs reſſentimens de ſes Auteurs, voulait bien avoir des égards pour ſes injuſtes voiſins en guerre avec leurs freres; Sa Majeſté devait croire, à plus forte raiſon, ſa juſtice intéreſſée à ne pas ſoumettre en pleine paix, ſes fideles ſujets les Commerçans Maritimes, à des interdictions, à des privations qu'aucun Souverain de l'Europe ne paraiſſait impoſer aux ſiens.

Laiſſer nos ports ouverts & libres à toutes les Nations qui ne nous faiſaient pas la guerre, & ne point priver les Anglais du droit de nous épuiſer, par le commerce, de toutes les productions Françaiſes, en laiſſant aux Américains la liberté de nous les acheter en concurrence; n'était-ce pas, de la part du Roi, conſerver à la fois les égards accordés aux Etrangers, & maintenir la protection, eſſentiellement due, par tout Monarque équitable, au commerce de ſes Etats?

Hé bien! en déclarant franchement & ſelon

mon opinion, que telle était la conduite que la France devait tenir; je suis obligé d'avouer que, soit délicatesse, austérité dans la morale d'un jeune & vertueux Roi, dont le cœur n'a pas vieilli, ne s'est pas consumé dans cette colere & ce desir de se venger des Anglais, que son Aïeul a gardés jusqu'au tombeau; soit amour pour la paix, soit égards de nos Ministres pour les embarras de l'injuste Angleterre, ou je ne sais quelle aveugle complaisance pour les représentations du Vicomte de Stormont qui ne cessait de les harceler; tout en reconnaissant les Négocians Français fondés dans leurs demandes de protection pour le commerce qu'ils voulaient ouvrir avec l'Amérique; les Ministres du Roi se sont toujours tenus à leur égard dans la plus excessive rigueur. Si quelque chose aujourd'hui doit les faire repentir de leur condescendance; n'est-ce pas de voir l'honnête Ecrivain du *Mémoire justificatif*, essayer d'établir, comme un trait de leur perfidie, cette anxiété qui ne fût qu'une lutte perpétuelle & douloureuse entre leur autorité réprimante & les efforts très-actifs d'un commerce éclairé sur nos vrais intérêts?

Lorsqu'à toutes les raisons qui militaient, dans mes Requêtes, en faveur du Commerce de France, j'ajoutais, avec cette liberté qu'un grand patriotisme peut seul excuser; quand j'ajoutais, dis-je, qu'il paraîtrait bien étrange à toute l'Europe que le Roi de France eût la patience de laisser payer à sa Ferme du tabac, jusqu'à cent francs le quintal de cette utile denrée, de souffrir même qu'elle en manquât, pendant que l'Amérique en regorgeait : Que si la guerre entre l'Angleterre & ses Colonies durait encore deux ans; le Roi, pour n'avoir pas voulu même user des plus justes droits de sa neutralité, s'exposait à voir les vingt-six ou trente millions de sa Ferme du tabac très-compromis; & cela, parce qu'il plaisait aux Anglais, qui ne pouvaient plus nous fournir cette denrée, de nous en interdire insolemment l'achat dans le seul pays du monde où sa culture était en vigueur : espece d'audace si intolérable, qu'à Londres même on plaisantait hautement de notre molesse à la supporter !

Lorsque, par ces raisons & d'autres semblables, je pressais nos Ministres de délier les bras au Commerce de France; comme on ne peut pas supposer que ce fût faute de nous bien entendre qu'ils nous tenaient rigueur; il faut donc en conclure qu'un excès de condescendance pour nos Ennemis, les rendait sourds à nos instances ! Excès d'autant plus étonnant qu'il était aisé de deviner, ce que l'expérience prouve aujourd'hui, qu'on ne leur en ſaurait jamais nul gré de l'autre côté de la Manche.

Maintenant, ſi j'ai bien montré qu'après pluſieurs ſiecles d'un reſſentiment légitime, & ſelon les principes du *Droit-naturel*, ſous les relations ſeules duquel les Peuples ou les Royaumes exiſtent les uns à l'égard des autres, la France aurait pu ſans ſcrupule uſer de toutes les occaſions de ſe venger de l'Angleterre & de l'abaiſſer en favoriſant les mouvemens de ſes Colonies; & qu'elle ne l'a pas fait !

Si j'ai bien montré qu'en ſuivant l'exemple, en imitant les procédés de l'Angleterre, la France pouvait abuſer des embarras où la guerre d'Amérique plongeait ſes ennemis naturels, pour fondre inopinément ſur leurs flottes marchandes, ou ſur leurs poſſeſſions du Golphe; ce qui, loin de nous attirer la guerre, eût condamné l'Angleterre à une paix éternelle; & que par délicateſſe & par honneur elle ne l'a pas voulu faire !

Il ne me reſte plus qu'à prouver, d'après les citations du *Mémoire juſtificatif*, qui touchent à notre Commerce, à ma perſonne, à mes vues, au prétendu concours du Miniſtère, il me reſte à prouver que le Vicomte de Stormont, contre la vérité, contre ſes lumieres & contre ſa conſcience, n'a pas cessé d'envoyer à sa Cour des exposés très-insidieux, très-faux, de la conduite de la nôtre; & c'est ce que je vais faire à l'instant.

Je commencerai par convenir franchement & sans détour que les Négocians Français, parmi lesquels je me nomme, ont fait, malgré la Cour, des envois d'habits, d'armes & de munitions de toute espece en Amérique; & que s'ils ne les ont pas multipliés davantage, c'est que la rigueur de notre Administration n'a pas cessé de mettre des entraves à leurs armemens: & je conviens de cela, non-seulement parce que c'est la vérité; mais parce que je crois qu'en cette occasion les Armateurs Français n'étaient tenus à d'autre devoir qu'à celui de ne pas heurter, par les spéculations de leur intérêt, l'intérêt politique du Roi de France.

Ils pouvaient même ignorer si le Roi, par austérité, voyait leurs efforts de mauvais œil; car sous un Prince aussi bon, aussi juste, il y a bien loin encore du malheur de lui déplaire, au crime affreux de lui désobéir. D'ailleurs, l'Ecrivain Anglais, qui fait dans son *Mémoire justificatif*, une si fausse application du mot *Contrebande*, aux expéditions hasardées de notre Commerce, ne sait-il pas, ou feint-il d'ignorer qu'une marchandise dont l'échange ou la vente est libre en un Royaume, n'y devient point Contrebande, uniquement parce que son exportation ou sa destination peut nuire à une Puissance étrangere; & que le Négociant, qui n'est jamais appellé dans les Traités entre les Rois, ne doit se piquer de les étudier que dans les points qui croisent, ou favorisent ses spéculations ?

A quel titre donc un Armateur devrait-il des égards aux rivaux étrangers, aux ennemis de son commerce ? Par la nature même des choses, dans la guerre maritime, le malheureux Armateur n'est-il pas condamné à supporter seul tout le poids des pertes que fait l'Etat, sans jamais obtenir de dédommagement ? Dans la guerre de terre au moins, pendant que les Stipendiaires de la Royauté se disputent à coups de canons, ou de fusils, un terrein, une ville, un pays, un immeuble enfin, dont le revenu doit dédommager le Prince attaquant, des frais qu'il fit pour la conquête; le Citadin, le Marchand, le Bourgeois, qui n'a pas pris les armes, attend l'événement sans le craindre, & reste libre possesseur de son bien, à condition seulement de payer au nouveau maître le tribut que l'ancien exigeait; à quelques abus près.

Mais comme il est écrit qu'on ne se bat jamais

pour ne rien piller; que si l'homme est né pillard, la guerre, & sur-tout celle de mer, réveille en lui cette passion que le frein des loix n'a fait qu'assoupir : Et comme, dans cette guerre de mer, il n'y a point d'immeuble à conquérir, qui puisse acquitter les dépens en donnant des subsides, & que le champ de bataille est toujours aux poissons; quand les nobles Enragés sont séparés, partis, ou coulés bas : Tous les héros de l'Océan sont convenus entr'eux, pour premier retour de leurs frais & suivant la morale des loups, de commencer par courir sur les vaisseaux désarmés du commerce paisible, & de s'emparer sans raison, sans pitié, ni pudeur, de la propriété du Négociant, qui ne fait nulle défense; sauf à combattre & se déchirer entr'eux lorsqu'ils se rencontreront face à face. Ensorte qu'à la paix, lorsque les Etats fatigués se font grace ou justice, ou que se forçant la main, à raison des succès, ils se dédommagent réciproquement de leurs pertes; le pauvre Armateur, à qui l'on ne songea seulement pas, qui perdit tout, à qui l'on ne rend rien, reste seul dépouillé, par le vol impuni qui lui fut fait, à lui qui n'était en guerre avec personne !

De cet abominable état des choses, il résulte que la violence avec laquelle on rend l'Armateur premiere victime des querelles entre les Rois, ne peut laisser dans son cœur qu'une haine invétérée contre les Etrangers ennemis de son commerce & de ses propriétés. Il en résulte encore qu'on ne pourrait lui envier, sans porter un cœur infernal, la seule ressource qui lui reste contre tant de périls accumulés, celle de saisir toutes les occasions, tous les moyens de rendre ses spéculations & promptes & lucratives.

Donc, & n'en déplaise au Vicomte de Stormont, qui fait, des Négocians Français, de vils instrumens de la perfidie de nos Ministres, il ne nous a fallu que l'espoir de balancer les risques par les avantages, pour nous déterminer d'armer pour l'Amérique; & notre calcul à cet égard étant plus fort que toute insinuation ministérielle, nous avons cru, comme je l'ai dit, être seulement tenus à l'obligation de ne pas heurter dans nos entreprises, l'intérêt reconnu du Prince qui nous gouverne. Mais certes, & n'en déplaise encore au Vicomte de Stormont, au Cabinet Anglais, à l'Ecrivain du Manifeste, aucun de nous n'a pensé qu'il dût à l'injuste Angleterre, le délicat égard de détourner ses spéculations d'un pays, parce qu'il était devenu son ennemi. Tous au contraire ont dû prévoir que les Américains, ayant de plus pressans besoins en raison de la guerre Anglaise, mettraient un plus haut prix aux denrées qui leur étaient nécessaires : tel a été le véhicule général du Commerce de France.

Quant à moi qu'un goût naturel pour la liberté, qu'un attachement raisonné pour le brave peuple qui vient de venger l'univers de la tyrannie Anglaise, avait échauffé ; j'avoue avec plaisir que, voyant la sotise incurable du Ministère Anglais qui prétendait asservir l'Amérique par l'oppression, & l'Angleterre par l'Amérique ; j'ai osé prévoir le succès des efforts des Américains pour leur délivrance: j'ai même osé penser que, sans l'intervention d'aucun Gouvernement, ni des colosses maritimes qu'ils soudoient, l'humiliation de l'orgueilleuse Angleterre pourrait bien être avant peu l'ouvrage de ces *vils poltrons* si dédaignés, de l'autre Continent, aidés de quelques vaisseaux marchands ignorés, partis de celui-ci.

J'avoue encore que, plein de ces idées, j'ai osé donner par mes discours, mes écrits & mon exemple, le premier branle au courage de nos Fabriquans & de nos Armateurs; & que je n'ai jamais cru, quoiqu'on ait pu dire, manquer au devoir d'un bon sujet envers mon Souverain, en formant une Société maritime, en établissant une liaison solide de commerce entre l'Amérique & ma maison, en me chargeant d'acheter & d'embarquer en Europe tous les objets qui pouvaient être utiles à mes braves Correspondans, *les vils poltrons de l'Amérique.*

Mais, si je ne prétendais pas à la protection de la Cour, j'avoue que j'étais loin de croire que le Vicomte de Stormont, dont la plus grande affaire était de harceler l'Administration, aurait le crédit de l'engager, par ses clameurs, à porter une inquisition sévère & jusqu'alors inouie, sur le cabinet des Négocians, & d'en arrêter les spéculations.

Mais puisque cet objet de sa mission, qu'il n'a que trop bien rempli, à l'avantage de l'Angleterre, a malheureusement ruiné les efforts & les entreprises des Armateurs Français; pourquoi donc cet ingrat Vicomte, qui, dans ses rapports ministériels, cite avec tant d'emphase, neuf ou dix vaisseaux chargés par moi pour les Américains, à la fin de 1776, & qui les distingue si subtilement de ma frégate l'Amphitrite, a-t-il omis d'apprendre à sa Cour que notre Ministère, étourdi de ses plaintes, avait perdu de vue la protection qu'il nous devait peut-être; & que loin de nous l'accorder, il avait accablé le commerce de prohibitions, & sur-tout avait presque étouffé ma Société naissante, en mettant un embargo général sur tous mes bâtimens ?

En vain représentai-je alors, qu'être soumis à l'inspection des Douaniers Anglais sur mer, & s'y voir exposés à tout perdre, sans espoir de réclamation, si l'on était pris à l'atterrage de l'Amérique avec des marchandises prohibées par l'Angleterre, était courir assez de dangers, sans que la France aidât encore à restreindre les plans de ses Armateurs; le Ministère inflexible exigea rigoureusement que tous ces bâtimens prissent des expéditions pour nos Isles, & fissent leurs soumissions de ne point aller commercer au Continent.

Quel motif engagea donc cet Ambassadeur, de taire à sa Cour les complaisances excessives que la nôtre avait pour lui ? Pourquoi lui cacha-t-il que, sur sa délation, le 10 Decembre 1776, le Ministre de la Marine fit arrêter au Havre & visiter exactement tous mes Vaisseaux ? Que dans ce Port où se trouvaient alors l'*Amphitrite*, *le Romain*, *l'Andromède*, *l'Anonime*, & plusieurs autres, si le premier de ces Bâtimens déjà lancé dans la grande rade, esquiva la visite, tous les autres la subirent, & si rigoureuse, qu'ils furent déchargés publiquement, au grand dommage de mon entreprise?

Pourquoi, dans la joie qu'il en devait ressentir, n'ajouta-t-il pas que, ne pouvant espérer aucun terme, obtenir aucun adouciſſement à ces ordres prohibitifs, je fus obligé de déſarmer tous mes navires? En effet il eſt de notoriété que ſi quelques-uns enſuite ont pu partir, ce n'a été qu'en Avril, Mai & Juin de l'année ſuivante: encore a-t-il fallu changer leurs noms, leurs chargemens, & donner les plus fortes aſſurances qu'ils n'iraient qu'à nos Iſles du Golphe! M. l'Ambaſſadeur niera-t-il qu'ils y ont été réellement, lorſqu'il ſait que l'un d'eux, *la Seine*, a, pour prix de mon obéiſſance, été enlevé, à la pointe des Prêcheurs, atterrage de la Martinique, au grand ſcandale de tous les habitans qui le virent, & conduit à la Dominique, où, ſans autre forme de procès, le pavillon Anglais y fut arboré ſur le champ, & le nôtre jetté dans la mer avec de grands cris d'*huzza*, & les plus triſtes feux de joie?

Comment ce profond politique, cet Ambaſſadeur devenu Miniſtre, s'eſt-il abſtenu d'écrire à ſa Cour, que le même embargo fut mis ſur mes vaiſſeaux à Nantes; & que la *Thérèſe* arrêtée dans ce port, ne put partir qu'en Juin 1777, après la plus ſévère viſite, & lorſqu'on fût bien certain qu'elle ne portait point de munitions; ſur-tout, lorſque le Capitaine ſe fut ſoumis à n'aller qu'à Saint-Domingue où il a demeuré près d'un an, ainſi que l'*Amélie*, à mon très-grand dommage encore ; puiſque quatre petits bâtimens Bermudiens que j'y avais fait acheter, pour conduire au Continent les cargaiſons de ces navires d'Europe, ont tous été pris, ſoit en allant, ſoit en revenant ?

Pourquoi ne manda-t-il pas à ſa Cour, qu'en Janvier 1777, mon *Amphitrite* ayant relâché à l'Orient, le Miniſtère, à ſa ſollicitation, fit arrêter ce bâtiment ſous prétexte que pluſieurs Officiers s'y etaient embarqués pour aller offrir leurs ſervices aux Américains ?

Comment, à cette occaſion, pût-il omettre, dans ſes dépêches, que la Cour envoya l'ordre au plus conſidérable de ces Officiers, de rejoindre à l'inſtant ſon corps à Metz, & d'y rendre compte de ſa conduite ; & qu'apprenant que l'Officier éludait d'obéir, elle fit dépêcher exprès un Courier à l'Orient avec ordre de l'arrêter, de le caſſer & de l'enfermer pour le reſte de ſes jours au Château de Nantes ; rigueur à laquelle il n'échappa qu'en ſe ſauvant ſeul & preſque nud, ſans oſer reparaître au vaiſſeau : que le Miniſtre ne rendît même à ma frégate la liberté de partir, qu'après avoir exigé du Capitaine une ſoumiſſion poſitive & par écrit, qu'il n'irait qu'à Saint-Domingue, ſous toutes les peines qu'il plairait de lui infliger à ſon retour, s'il y manquait.

Mais une autre réflexion se présente, & je ne dois pas la retenir, puisque l'écrivain du Roi d'Angleterre l'a négligée. La Cour de France, une Puissance étrangère indifférente & neutre, s'opposait au noble emploi que des Officiers, la plupart étrangers, voulaient faire de leur loisir en faveur des Américains! Mais que nous importait à nous, pour qui leur bravoure allait s'exercer? Et par quel excès de complaisance pour l'Ambassadeur Anglais, nos Ministres établissaient-ils une telle inquisition contre les partisans de l'Amérique; lorsqu'il est prouvé, par le Fait, que le neveu du Maréchal de Thomond, de Milord Clare, que le Comte de Bulkley enfin, le plus ardent Anglais qui jamais ait été souffert au service de France, obtenait d'eux sans peine la permission d'aller solliciter à Londres du service contre l'Amérique? Si la solution de ce problême échappe à mes lumières; ce qui frappera tout le monde ainsi que moi, c'est que la comparaison & le rapprochement de ces deux procédés, devaient au moins faire trouver grace à nos très-complaisans Ministres devant ce terrible Ambassadeur; & que son zèle & ses travaux n'eussent pas semblé moins importans à sa patrie, & l'eussent également porté lui-même au Ministère où il brûlait d'arriver, si ſi, au lieu de calomnier notre Cour, il eût rendu compte à la ſienne de tout ce qu'il en obtenait journellement.

Quoique la politique au fond ne ſoit par-tout qu'une ſublime impoſture; on n'a pas encore vu d'Ambaſſadeur ſe donner des licences auſſi étendues ſur la ſublimité de la ſienne! Il était réſervé au Vicomte de Stormont d'en offrir le digne exemple à l'Univers! — Mais c'eſt la France, dit-il, qui envoyait ces Officiers en Amérique. — Eh! grand *Polititien*, ou *Politiqueur*! y a-t-il beaucoup de raiſonneurs de votre force en Angleterre? & penſez-vous que le Congrès, qui n'a pas cru devoir tenir un ſeul des engagemens pris devant moi, par ſes Agens en Europe, avec les Officiers que je lui adreſſais, qui même a refuſé du ſervice à preſque tous en arrivant, eût manqué d'égards à ce point pour notre Cour, s'il eût penſé que ces généreux guerriers lui étaient envoyés par un Roi dont il ſollicitait ſi vivement le ſecours & l'amitié? De quel œil auſſi penſez-vous que le Roi de France eût vu le renvoi des Officiers, ſi ce Prince eut été pour quelque choſe en l'arrangement de leur départ? On ſe fait donc un grand bonheur de déraiſonner à Londres!

Cette réflexion ſeule eſt un trait de lumiere qui

nous met tous dans notre vrai jour, Anglais & Français, travailleurs & raisonneurs.

À la vérité, mon zèle empressé pour mes nouveaux Amis, pouvait être blessé du peu d'accueil qu'ils fesaient à de braves gens que j'avais porté moi-même à s'expatrier pour les servir. Mes soins, mes travaux & mes avances étaient immenses à cet égard. Mais je m'en affligeai seulement pour nos malheureux Officiers ; parce que dans ces refus même des Américains, je ne sais quelle émulation, quelle fierté républicaine attirait mon cœur & me montrait un peuple si ardent à conquérir sa liberté, qu'il craignait de diminuer la gloire du succès, s'il en laissait partager le péril à des étrangers.

Mon ame est ainsi composée : dans les plus grands maux elle cherche avec soin, pour se consoler, le peu de bien qui s'y rencontre. Ainsi pendant que mes efforts avaient si peu de fruit en Amérique, & que les Anglais essayaient de tout corrompre autour de moi pour l'atténuer encore ; de lâches ennemis m'accusaient dans mon pays d'être soudoyé par la Cour de Londres, pour l'avertir à tems du départ de tous nos vaisseaux de Commerce & la mettre à même de s'en emparer. Et moi, soutenu par ma fierté, je dédaignais de me défendre, & je livrais ces méchans à leur propre honte en me promettant bien de ne jamais souiller mon papier de leur nom. Les Oisifs de Paris enviaient mon bonheur & me jalousaient comme un favori de la fortune & des Puissances : & moi, triste jouet des événemens, seul, privé de repos, perdu pour la société, desséché d'insomnie & de chagrins, tour à tour exposé aux soupçons, à l'ingratitude, aux anxiétés, aux reproches de la France, de l'Amérique & de l'Angleterre, travaillant nuit & jour, & courant à mon but avec effort, à travers ces landes épineuses, je m'exténuais de fatigue & j'avançais fort peu. Mais mon courage renaissait quand je pensais qu'un grand Peuple allait bien-tôt offrir une douce & libre retraite à tous les persécutés de l'Europe ; que ma patrie serait vengée de l'abaissement auquel on l'avait soumise, en fixant par le traité de 1763, le petit nombre des vaisseaux qu'on daignait encore lui souffrir ; que le voile obscur, le crèpe funéraire dont notre port de Dunkerque était enveloppé depuis 60 ans, serait enfin déchiré ; qu'enfin la mer devenue libre aux Nations commerçantes, Marseille, Nantes & Bordeaux pouraient le disputer à Londres, & devenir à leur tour les Cabarèts de l'Univers. J'étais soutenu par l'espoir qu'un nouveau système de

Politique allait éclore en Europe, & que l'Angleterre une fois remise à sa vraie place, le nom Français serait aimé, chéri, respecté partout. J'ajouterais encore que j'étais ranimé par l'espoir devoir le Régne actuel exalté comme un des plus beaux de la Monarchie ; si, dans cet Ecrit austère & brusquement jeté, je ne m'étais pas interdit tout Eloge, & même celui du jeune Roi, qui nous donne un si grand espoir par la sagesse de ses vues & son amour simple & vrai pour le bien, dans l'âge où presque tous les hommes ne se font remarquer que par des folies, des ridicules, ou des travers.

Ce bel avenir me rendait mon courage & ma gaieté même ; au point qu'un Ministre Anglais m'ayant fait l'honneur, au sujet de *l'Amphitrite*, de dire à quelqu'un, en riant, que j'étais un bon Politique, mais un mauvais Négociant : Je répondis sur le même ton : Qu'il laisse faire au temps ; la fin seule peut nous montrer lequel aura plus prospéré, moi dans mon petit commerce, & lui dans sa grande administration.

Dans un pareil état des choses, on sent bien que le Cabinet de Saint-James eût appris avec joie, par son Ambassadeur, qu'au retour de ma frégate l'*Amphitrite*, mon Capitaine, accusé de désobéissance, avoit été scandaleusement arrêté, puis traîné en prison, quoique son Journal prouvât qu'il n'avait fait que céder à l'empire des circonstances; & qu'ayant resté 90 jours en route, & 35 sans se reconnaître, il s'était vu prêt à périr de misère à l'instant qu'il fut porté sur le Continent: mais son crime était d'y avoir jetté l'ancre; & je suis persuadé moi, que le Lord North aurait su bon gré à l'Ambassadeur, s'il eût appris par lui que la mine terrible qu'il en fit à nos Ministres, avait coûté trois mois de cachot à mon malheureux Capitaine, & à moi deux mille écus d'indemnité que je crus lui devoir, pour payer les humeurs du Vicomte de Stormont.

C'est ainsi que chaque Fait articulé dans le *Mémoire justificatif*, d'après le rapport de cet Ambassadeur est faux, insidieux ou controuvé. Voyez-le citer comme un crime, un bâtiment, l'*Heureux*, à moi, parti de Marseille en Septembre 1777, & dissimuler en même tems à sa Cour, que ce vaisseau, l'*Heureux*, le plus malheureux des vaisseaux, était depuis dix mois dans le port, équipé, chargé, prêt à partir, puis arrêté à la sollicitation de lui Vicomte, enfin déchargé deux fois publiquement, par ordre du Ministre; & que ce n'est qu'après ces éclats scandaleux & dommageables que ce vaisseau, qui m'avait ruiné par un si long séjour, & des dépenses si énormes, a obtenu la liberté de sortir du port avec des comestibles seulement, & sans aucunes munitions de guerre. Car s'il a relâché ailleurs pour accomplir son chargement, qui n'était pas même au tiers ; c'est un Fait absolument étranger à nos Ministres, puisqu'il s'est passé loin du Royaume, & hors de la longueur de leurs bras.

Ainsi, lorsque ce Mémoire parle de mes armemens de Dunkerque, il se garde bien d'avouer que l'Administration, toujours aussi sévère à mon égard qu'attentive aux plaintes de l'Ambassadeur Anglais, donna l'ordre exprès de visiter dans ce port tous les vaisseaux annotés par l'inquisition *Stormonienne*, & de les décharger sans pitié, s'ils avaient à bord des munitions de guerre ; que l'un d'eux, *la Marie Catherine*, se trouvant en rade à l'instant où l'ordre arriva, put se dérober à sa rigueur & se rendre à la Martinique avec un chargement d'Artillerie, assuré à Londres même ; mais que les autres furent visités, déchargés & forcés d'aller en lest chercher du fret en Amérique ; sans que j'aie pu depuis trouver une autre occasion de rembarquer mes cargaisons militaires ; tant l'attention du Gouvernement à y veiller a été sévère & continuelle.

Voilà ce que le Vicomte de Stormont pouvait

bien apprendre à sa Cour ; il eût honoré sa vigilance & n'eût point trahi la vérité : mais c'est ce dont on s'embarrasse le moins en politique. Il devait même ajouter que, dans la colère où je fus de ce qui m'arrivait à Dunkerque, ayant appris que le sieur Frazer, Commissaire Anglais, odieux par son emploi, mais personnellement détesté dans ce port, avait osé corrompre & fait passer en Angleterre un de nos bons Pilotes-côtiers, & beaucoup de Matelots Français, je me procurai toutes les preuves juridiques de ce honteux délit : mais que je ne pus jamais obtenir du Gouvernement, que le Commissaire insolent fût poursuivi pour ce crime de lèze-nation ; & je ne l'obtins pas, je m'en souviens bien, parce que les soins que je m'étais donnés à ce sujet, pouvaient être taxés de récrimination par l'Ambassadeur Anglais. Je dirai tout ; car ce n'est ici ni le lieu ni le tems de flatter personne. Un écrit destiné à relever le flagornage Anglais du *Mémoire justificatif*, ne doit pas être à son tour accusé d'une imbécile partialité pour la France.

Mais le comble de la mauvaise-foi dans les rapports de l'Ambassadeur d'Angleterre, est le compte insidieux qu'il rend à sa Cour de *l'Hippopotame*, ce vaisseau que j'ai nommé *le Fier Rodrigue*,

& qui depuis a eu l'honneur d'être jugé digne par le Général Amiral d'Estaing, de contribuer, sous ses ordres, au succès des armes du Roi près la Grenade, lesquels ne sont point, comme le dit l'Ecrivain emmiellé du *Mémoire justificatif*, des triomphes de gazettes, ni des succès à coups de presse; mais de beaux & bons succès à coups de canons.

C'est le compte insidieux qu'il rend à sa Cour de ces prétendus 14 *mille fusils que j'y devais embarquer*, & *des autres munitions de guerre à l'usage des rébelles*, cités dans le *Mémoire justificatif*; aucun armement n'ayant été plus ouvertement, plus cruellement molesté, pour complaire au Vicomte de Stormont. Voici le Fait; on le trouvera concluant.

Tant de vaisseaux arrêtés dans nos Ports; tant de déchargemens faits par ordre supérieur; tant d'opérations manquées ou suspendues; tant d'or & de tems perdu, & surtout l'obligation forcée d'exécuter rigoureusement les ordres prohibitifs de la Cour, sur les munitions de guerre, avaient enfin changé mes plans d'armemens.

Bientôt apprenant que les Anglais m'avaient enlevé beaucoup de navires, & qu'il ne me restait d'autres moyens de marcher librement que de me rendre redoutable aux Corsaires; je fis acheter par un Tiers & sur criées publiques, en Avril 1777, l'*Hippopotame*, vaisseau de ligne que le Roi fesait vendre à Rochefort. On le mit au radoub aussitôt, pour être armé en guerre & marchandises ; & toute sa cargaison, de la valeur d'un million, consistant en vin, eau-de-vie, marchandises sèches, & sans une seule arme, une seule caisse de munitions, fut à l'instant transportée à Rochefort, pour partir au plutôt.

Mais ce fatal Ambassadeur, dont la grande affaire était de désoler notre Commerce sur terre, pendant que les Corsaires de sa nation l'outrageaient & le pillaient sur mer ; ce profond Politique, qui partageait son temps entre le plaisir d'impatienter nos Ministres en France, & celui de les calomnier en Angleterre, s'en vint faire à Versailles des lamentations ..... si lamentables sur ce navire, en disant que je feignais d'équiper un Bâtiment pour le commerce, & ne fesais qu'armer un vaisseau de guerre pour le service du Congrès, que la Cour en fut ébranlée.

Sur ces nouvelles criailleries, le Ministère, ignorant absolument que j'eusse part à cet armement qui se fesait sous un nom supposé, donna les ordres les plus précis aux Commandant & Intendant de Rochefort de découvrir sous main le nom & l'objet du vrai propriétaire de ce vaiſſeau. J'appris la recherche de la Cour, & je fis adreſſer du lieu de l'armement, le Mémoire ſuivant au Miniſtre de la Marine, ſous une ſignature étrangère. Si je le joins ici, c'eſt que ſon caractère & ſon ſtyle donneront mieux que tous mes raiſonnemens, une juſte idée des relations qui exiſtaient alors entre l'Adminiſtration & le Commerce de France.

MONSEIGNEUR,

« Sur les interrogations faites à notre Commiſ-» ſionnaire de Rochefort par le Commandant » de la Marine, nous penſons qu'il n'y a qu'un » de ces Anglais inquiets & rodeurs dont nos » ports ſont remplis, qui ait pu ſemer l'alarme ſi » mal-à-propos ſur nous, & fait inſpirer à votre » Grandeur, par des voies qui leur ſont fami-» lières, le deſſein de porter une inquiſition » inconnue juſqu'ici ſur le cabinet & les ſpécula-» tions des Négocians Français.

» Monſeigneur, le vaiſſeau du Roi l'*Hippopo-» tame* était à vendre : apparemment que c'était pour » que quelqu'un l'achetât. Nous l'avons bien » acheté, bien payé; nous le feſons radouber à » grands frais, & nous ne croyons pas qu'il y ait

» rien là de contraire aux loix du Commerce ; ni » qui nous doive expofer au foupçon de vouloir » contrarier les vues pacifiques du Gouverne- » ment.

» Mais fi un vaiffeau d'un tel gabaris ne peut » être deftiné qu'à de hautes fpéculations ; n'eft- » il pas naturel, Monfeigneur, que nous mettions » ce navire en état de ne pas craindre, en pleine » paix, de fe voir harcelé, canoné, vifité, fouillé, » infulté, dépouillé, peut-être emmené & con- » fifqué, malgré la régularité de nos expéditions, » (comme cela eft arrivé à tant d'autres), s'il fe » trouve une aune d'étoffe dans nos cargaifons, » dont la couleur ou la qualité déplaife au pre- » mier malhonnête Anglais qui nous rencon- » trera ?

» Lorfqu'il nous aurait bien outragé & fait » perdre le fruit d'un bon voyage, peut-être il » en ferait quitte pour vous faire répondre par le » Miniftère Anglais *que le Capitaine était ivre, ou* » *que c'eft un mal-entendu*. Mais votre Grandeur » fait bien que, fi cette excufe banale & triviale » fuffit pour appaifer la vindicte du Gouverne- » ment Français, l'utile Négociant dont le métier » eft de confier fa fortune aux flots, fur la foi des » Traités, n'en reste pas moins ruiné, malgré les

» dédommagemens promis, dont on sait toujours
» trop bien éluder l'accomplissement.

» Cependant, Monseigneur, le Négociant ma-
» ritime étant de tous les sujets du Roi celui que
» les Traités doivent le plus envisager, est aussi
» celui qui a besoin d'une protection plus immé-
» diate. Jettez-un coup d'œil sur tous les états de
» la société, Monseigneur, & vous verrez que
» l'Administration, le Fisc, le Militaire, le Clergé,
» la Robe, la terrible Finance, & même la classe utile
» des Laboureurs, tirent leur subsistance, ou leur
» fortune de l'intérieur du Royaume : tous vivent à
» ses dépens. Le Négociant seul, pour en aug-
» menter les richesses ou les jouissances, met à
» contribution les quatre parties du monde; &
» vous débarrassant utilement d'un superflu inutile,
» il va l'échanger au loin & vous enrichit en re-
» tour, des dépouilles de l'univers entier. Lui seul
» est le lien qui rapproche & réunit tous les peu-
» ples que la différence des mœurs, des cultes &
» des gouvernemens tend à isoler, ou à mettre en
» guerre.

» Si donc le Négociant se voit désormais obligé
» de rendre compte d'avance de ses spéculations,
» dont la réussite dépend toujours de la diligence
» & du secret, & qui sont soumises à des varia-

» tions dépendantes de tous les événemens poli-
» tiques; il n'y a plus pour lui ni liberté, ni sûreté, » ni succès, & la chaîne universelle est rompue.

» Votre Grandeur s'appercevra bien que ce n'est » pas pour éluder d'obéir que nous observons; mais » seulement parce que nous pensons que d'établir » une inquisition sur les secrèts des Négocians, par » complaisance pour les rivaux du commerce Fran- » çais & les ennemis naturels de l'Etat, est un » emploi de l'autorité sujet à des conséquences » terribles, dont la moins funeste est de dégoûter le » Commerce & d'éteindre l'émulation, sans laquelle » rien ne se fait.

» Lorsque notre Commissionnaire s'est rendu sous » son nom, adjudicataire de *l'Hippopotame*, vous » avez eu la bonté, Monseigneur, de lui promettre » l'assurance du premier fret royal pour les Colo- » nies : daignez remplir cette promesse; son exécu- » tion est le meilleur moyen de vous assurer de la » vraie destination de notre vaisseau. Nous croyons, » Monseigneur, que ce seul mot renferme toutes » les explications que votre Grandeur desire.

» Nous sommes avec le plus profond respect, &c. «

Ce Mémoire fait pour fixer la vraie destination du *Fier Rodrigue*, & désarmer la Cour, produisit un effet tout contraire en me décelant : on crut m'y reconnaître, & les cris de l'Ambassadeur continuant sans relâche & contre mon navire & contre ma personne, le Ministère, à l'instant qu'il levait l'embargo momentané mis sur tous les autres vaisseaux du Commerce, ordonna durement d'arrêter le mien dans le port, sans lui laisser l'espoir de partir en aucun temps.

Ayant eu dessein de l'armer en pieces de bronze, pour qu'il fût plus léger à la marche, en guerre & marchandises ; j'avais fait acheter & transporter à grands frais, de ces canons, la quantité qui m'était nécessaire. Un nouvel ordre, arraché par mon Euménide, arriva, qui me força de revendre mon Artillerie à toute perte, & n'en laissa pas moins subsister l'embargo mis sur mon navire.

En vain j'offris personnellement au Ministère d'embarquer sur ce vaisseau, des troupes du Roi pour Saint-Domingue, afin qu'on fût bien sûr de sa destination. En vain je proposai de soumettre ma cargaison à la visite la plus rigoureuse, pour qu'on fût certain qu'aucunes munitions n'entraient dans le chargement du *Fier Rodrigue*. En vain je déposai ma soumission de faire rentrer ce vaisseau dans six mois, avec expédition & denrées de Saint-Domingue, sous peine de la perte entiere & du navire & de sa cargaison, si j'y manquais. Le Ministère fut inexorable ; & malgré les plaintes qu'une telle rigueur m'arracha ; malgré la dépense énorme d'un double achat, double transport & dispendieux changement d'Artillerie ; malgré la perte résultante d'une cargaison d'un million, retenue une année entiere au lieu de son départ ; magré la mise continuelle & ruineuse de l'équipement d'un vaisseau de cette force, arrêté dans le port le même temps d'une année ; enfin malgré les protestations que le désespoir me fit faire de rendre l'Administration garante de mes pertes devant le Roi même, & pour lesquelles aujourd'hui je suis en instance aux pieds de Sa Majesté ; les Ministres, fidèles à je ne sais quelle parole arrachée par l'Ambassadeur Anglais, ne voulurent jamais consentir à lever l'embargo de mon navire ; & je déclare avec douleur, que je n'ai obtenu cette tardive justice, qu'après la notification du Traité de Commerce entre la France & l'Amérique, faite à Londres par le Marquis de Noailles, & la brusque retraite de l'Ambassadeur d'Angleterre ; c'est-à-dire, plus d'un an après le chargement & l'équipement du *Fier-Rodrigue*.

Voilà ce que le Vicomte de Stormont s'est bien gardé d'écrire à sa Cour, & ce qu'il n'oserait démentir aujourd'hui. Je laisse en blanc mille autres faits très-affligeans pour notre Commerce & notamment pour moi; parce que cet extrait suffit, au-delà, pour montrer quelle foi doit être accordée aux narrés, aux inculpations de ce long *Mémoire justificatif.*

Lorsque le Vicomte de Stormont résidait à Paris, & qu'il s'y débitait un mensonge politique, une fausse nouvelle un peu fâcheuse pour les Américains; on se souvient encore que le mot des Députés du Congrès, interrogés par tout le monde, était constamment : ne croyez pas cela, Monsieur, *c'est du Stormont tout pur.*

Eh bien! Lecteur, on en peut dire autant du Mémoire justificatif; *c'est du Stormont tout pur*, au style près, qui, bien qu'un peu traînant dans la traduction, ne manquerait pas de graces, ni la logique de justesse, si l'Ecrivain n'oubliait pas sans cesse que le Lord Stormont en a fourni les données, & qu'il écrit pour l'injuste Angleterre, dont les usurpations, la mauvaise foi, l'arrogance & le despotisme ont fait une classe absolument séparée de toutes les sociétés humaines.

Car, si les Royaumes sont de grands corps isolés, & plus séparés de leurs voisins par la diversité d'intérêts que par les barrieres, les citadelles ou la mer qui les renferment; si leurs seules relations sont

ſont celles du *Droit-naturel*, c'eſt-à-dire, celles que la conſervation, le bien-être & la proſpérité de chacun lui impoſent ; & ſi ces relations diverſement modifiées ſous le nom de *Droit des gens*, ont pour principe général, ſelon Monteſquieu même, *de faire ſon propre bien avec le moins de mal poſſible aux autres* ; il ſemble que l'Angleterre, ayant mis tout ſon orgueil à s'écarter de cette loi commune, ait choiſi pour principe fondamental de ſe rendre odieuſe & redoutable à tout le monde, quand il n'en devrait réſulter aucun avantage pour elle-même.

Ajoutez à ce damnable principe, la commodité toujours ſubſiſtante d'enfreindre les Traités, & de manquer à toutes les Conventions, ſous prétexte que ſon Roi n'ayant qu'une autorité partagée entre lui, le Peuple & la Nobleſſe, les engagemens qu'il prend, ne peuvent empêcher la fougueuſe Nation de ſe porter à des excès qui n'en ſubſiſtent pas moins, quoique déſavoués par l'équité du Prince, ou ſon reſpect pour la foi jurée. Réuniſſez, dis-je, toutes ces notions, & vous n'aurez encore qu'une faible idée du Peuple audacieux qui nous accuſe aujourd'hui de perfidie.

Mais pourtant, ſi le Roi d'Angleterre ne peut pas toujours être rendu garant des infractions de ſon peuple aux Traités ſub ſtans ; à qui donc gardons-nous notre foi ? Quoi ! vous nous liez, Anglais, & ne croyez jamais l'être ? Etrange & ſuperbe Nation, qu'il faut admirer pour ton patriotiſme & la fermeté Romaine que tu montres en tes revers actuels ; mais qu'il eſt temps d'humilier, pour punir & réprimer l'abus affreux que tu te plûs toujours à faire de ta proſpérité !

Marâtre inſenſée ! qui prétends à l'amour de tes enfans, quand tu ne veux les enchaîner que pour épuiſer le ſang de leurs veines, & l'employer à tes proſtitutions ! Si l'inſtant eſt venu que ton exemple doit apprendre aux Nations qu'il n'eſt de politique heureuſe & durable que celle fondée ſur la morale univerſelle, & ſur la réciprocité des devoirs & des égards . . . . . .

Si tes Miniſtres, aveuglés par une ambition inepte en ſes vues & trompée dans ſes meſures, ont imprudemment porté leur ſyſtême oppreſſif ſur tes Colonies, & les ont forcé, en prenant les armes, d'adopter pour deviſe, ce vers terrible, inſtructif & ſublime de notre grand Voltaire :

L'injuſtice à la fin produit l'indépendance.

Et ſi, par une ſuite de cette inquiète arrogance, qui ne vous permet jamais de goûter de liberté, que celle qui s'appuie ſur l'oppreſſion de vos freres, vous allez encore avoir, ô Anglais! à pleurer la perte de l'Irlande si longtems par vous, & si injustement avilie; repentez-vous; frappez votre poitrine; accusez-vous, & cessez d'accuser vos voisins de l'orage & des maux infinis, que vous seuls avez attirés sur votre patrie malheureuse.

J'ai prouvé, par vos procédés affreux envers nous, qu'il ne vous était dû de notre part qu'anathême & vengeance; & cependant, Anglais! vous êtes les agresseurs!

J'ai prouvé que, si la France eut suivi l'impulsion du plus juste ressentiment, elle eut dû secourir l'Amérique, la prévenir même & hâter l'instant de son indépendance; & cependant, Anglais! vous êtes les agresseurs!

J'ai prouvé que tournant contre l'honneur de nos Ministres l'effet de leur condescendance pour vos embarrras, vous prétendez les couvrir du ridicule ineffaçable d'avoir sans cesse arrêté d'une main ce que vous les accusez d'avoir encouragé de l'autre; qu'au lieu de leur rendre graces du peu de fruit que l'Amérique a tiré des faibles efforts du Commerce, vous mettez ces efforts sur le compte de leur perfidie: en cela même, Anglais! vous êtes des agresseurs très-malhonnêtes & très-ingrats.

Cependant, passe encore pour injurier. C'est votre

manière de vous défendre, elle est connue; & quand on s'est fait une mauvaise réputation, il reste au moins à jouir du triste privilége acquis par elle. On sait bien que dans votre style il en est, ô Anglais! de la *perfidie* de la France comme de la *poltronnerie* des Américains qui ont fait mettre armes bas à vos troupes, & vous ont chassé de leur pays. A vous donc permis d'injurier tout le monde.

Mais déraisonner pour le seul plaisir d'outrager! Déraisonner dans un Ecrit grave, & soumis au jugement des raisonneurs de l'Europe! n'est-ce pas abuser à la fois de toutes les façons d'être audacieux? Car enfin si le Roi de France eût eu le dessein de secourir secrètement l'Amérique, il eût au moins voulu le faire efficacement; & dans ce cas, il ne fallait pas un grand effort pour deviner qu'en prêtant seulement un million sterling aux Etats-unis; une espéce de proportion à l'instant rétablie entre le numéraire & le papier de leur pays, aurait soutenu le crédit & l'émulation générale, eût augmenté l'ardeur des soldats par la réalité de la paye, & peut-être eût mis les Américains, sans autre secours, à portée de terminer promptement leur guerre. Economie, ou Libéralité qui nous eût épargné près de 400 millions, que notre protection militaire nous a déjà coûté!

Donc si la morale ou la noble politique du Roi de France, l'empêcha de prendre ce parti ; c'est que ce Roi, jeune & vertueux, ne voulut pas permettre ce qu'il ne pouvait pas avouer. Toute sa conduite subséquente est la preuve de cette assertion. — Mais pourquoi donc ce Roi si juste a-t-il subitement renoncé à sa neutralité pour s'allier avec l'Amérique ? — Ecoutez-moi, Lecteur, & pésez mes paroles : cette réponse est la fin de tout.

Après avoir demeuré long-temps spectateur passif, & tranquille de la guerre existante, le Roi de France instruit par les débats du Parlement d'Angleterre & par le succès des armes Américaines, que, malgré les efforts des Anglais, pendant trois campagnes successives, la force des événemens séparait enfin l'Amérique de l'Angleterre : Instruit aussi que les meilleurs esprits de la nation Anglaise, s'accordaient à penser, à dire hautement dans les deux Chambres qu'il fallait à l'instant reconnaître l'indépendance des Américains, & traiter avec eux sur le pied de l'égalité : Le Roi ne pouvant plus se tromper sur le véritable objet des armemens de l'Angleterre, lorsqu'il voyait le peuple Anglais demander à grands cris la guerre contre lui, faire offres de lever la milice nationale à ses frais, & de fournir volontairement, par chaque *Shire* ou

Comté, un certain nombre de soldats, pourvu qu'ils fussent employés contre la France : S'étant d'ailleurs bien assuré que les Amiraux Anglais qui avaient nettement refusé de servir contre l'Amérique, étaient néanmoins nommés à des commandemens d'escadres qui ne pouvaient donc plus la menacer : Trop certain enfin des millions qu'on répandait & des efforts qu'on fesait pour diviser les esprits, tant au Congrès en Amérique, que ceux de la Députation en France ; & sur-tout connaissant bien l'espoir secret qu'on avait à Londres d'engager les Américains, par l'offre inopinée de l'indépendance, à se réunir aux Anglais contre la France, à la punir, par une guerre sanglante & combinée, de trois ans de froideurs & de refus de s'allier à l'Amérique. Pressé par tant de motifs accumulés, le Roi s'est déterminé, mais publiquement & sans aucun mystère, mais sans déclarer la guerre aux Anglais, encore moins la leur faire sans la déclarer, comme ils en ont établi l'odieux usage ; sans vouloir même entamer de négociations préjudiciables à la Cour de Londres, & par une suite modérée de la neutralité qu'il avait adoptée, le Roi, dis-je, s'est enfin déterminé à reconnaître l'indépendance de l'Amérique, à former un Traité de commerce avec les nouveaux Etats-unis ; mais ſans excluſion de perſonne, pas même des Anglais, à la concurrence de ce commerce.

Certes, ſi les règles de la juſtice, de la prudence & le ſoin de ſa propre ſûreté n'ont pas permis au Roi de différer plus long-temps cette reconnaiſſance d'un honorable affranchiſſement & d'une indépendance dont les Anglais ſe flattaient de faire tourner bientôt leur honteux aveu contre nous-mêmes; au moins faut-il convenir qu'aucun Acte auſſi intéreſſant, auſſi grand, auſſi national, ne s'eſt fait avec plus de modération, de candeur, de nobleſſe & de ſimplicité; tous caractères abſolument oppoſés à la *perfidie* dont l'inſolence Anglaiſe a voulu tacher la France & le Roi dans ſon *Mémoire juſtificatif:* Ce qu'il fallait prouver.

Quant à moi, dont l'intérêt ſe perd & s'évanouit devant de ſi grands intérêts; moi faible Particulier, mais courageux Citoyen, bon Français, & ſincere ami du brave Peuple qui vient de conquérir ſa liberté; ſi l'on eſt étonné que ma faible voix ſe mêle aux bouches de tonnerre qui plaident cette grande cauſe; je répondrai qu'on n'a beſoin de puiſſance que pour ſoutenir un tort, & qu'un homme eſt toujours aſſez fort quand il ne veut qu'avoir raiſon. J'ai fait de grandes pertes; elles ont rendu mes travaux moins utiles que je ne l'eſpérais à mes Amis Indépendans : mais comme c'eſt moins par mes ſuccès que par mes efforts que je dois être jugé, j'oſe encore prétendre au noble ſalaire que je me ſuis promis, l'eſtime de trois grandes Nations, la France, l'Amérique, & même l'Angleterre.

P. A. CARON DE BEAUMARCHAIS.

www.ingramcontent.com/pod-product-compliance
Ingram Content Group UK Ltd.
Pitfield, Milton Keynes, MK11 3LW, UK
UKHW020400220726
13923UKWH00004B/1663